Fulguraciones

ÆREA | *carménère*

Pablo Javier Pérez López

Fulguraciones
(2020-2025)

Ærea | *carménère*

Serie fundada por Eleonora Finkelstein y Daniel Calabrese
Edición al cuidado de Paco Najarro

FULGURACIONES (2020-2025)
Primera edición: octubre de 2025

© Pablo Javier Pérez López, 2025

© Ærea, 2025

Un sello de RIL® editores
SEDE SANTIAGO DE CHILE: Los Leones 2258 • CP 7511055 Providencia
☎ (56) 22 22 38 100 • ril@rileditores.com • www.rileditores.com

SEDE VALPARAÍSO • valparaiso@rileditores.com

SEDE ESPAÑA • europa@rileditores.com

Maquetación y diseño: RIL® editores
Diseño de colección: Marcelo Uribe Lamour
Imagen de portada: *Denkmal* (1943), de Karl Wiener

Impreso en España • *Printed in Spain*

ISBN: 978-84-10248-76-2
Depósito Legal: GI 1791-2025

Fulguraciones

(2020-2025)

LA ALMUDENA

El grabador de lápidas conoce el lenguaje de Dios.
Suda y está sucio y sabe que los nombres no perduran.
Depende de la placidez de los relojes
y de la ausencia pertinaz de lluvia o lágrimas.
Hace compañía al picapinos en el oficio
y sueña recostado sobre las lápidas frías.
Medita con las tripas.
El corazón lo oculta por miedo y por pudor.
Imagina que talla un barco fenicio
y que no tiene los dedos en la muerte.
Es muy veloz cuando tatúa a los jóvenes.
Es lento e incluso alegre en los ancianos.
Para muchos es una sombra trasparente
pero su hambre y su tristeza no son vanas:
Un día un hermano resonará sobre su rostro.

Cementerio de la Almudena, 14 de mayo de 2020.

Canción del Gaxapu
(Oda del segador)

Ahorra palabras y alimenta destinos.
Cuelga del cinturón de la esperanza.
Herencia delicada,
Piedra envuelta en madera.
Verdor de saliva.
¿Quién afila veloz la hoja
herida del destino?
¿Qué avellano tuvo que morir
para dar vida a los muertos?
¿Qué hijo heredará la luz
resignada de esta guadaña?
Está el amor más delicado
en todos los segadores.

Belerda, Asturias, 25 de julio de 2020.

Muela primera

Nácar para los sueños.
Piedra de dulce ternura.
¿Qué canción saldrá
de la boca común que compartimos?
Un rumor de tiza
que dibujará sueños
repetidos en la nana comunal,
en el canto dormido de la estirpe.
No es sólo tuya tu primera muela, hijo.
Nunca lo olvides.
El mundo es un relicario de mordidas.
Toda carne espera resignada
las bocas del futuro.
Hecho de ti aguardo el juicio.

Madrid, 25 de noviembre de 2020.

El deseo de la nieve
(Oración escuchada a un anciano)

Que el verdor fraterno
resucite en el pecho de los hombres.
Que se oculten vivos, los tejados
de la muerte,
y el polvo de la verdad
nos sople el barro de la nada.
Que la forma reine sobre las amígdalas naranjas.
Que la desaparición sea feliz
y haga memoria entre los huesos.
Que la tinta de todo sea una nada densa,
poderosa como la vieja porcelana
que sostiene los líquidos veraces.
Que todo sea amor hasta el próximo olvido.

Madrid, 15 de diciembre de 2020.

La muerte del raposo

¿Qué luz dolorida
hace resucitar los cuerpos?
Ninguna belleza tan llena
está de muerte
como esta que habita el camino.
En los ojos aún sueños de liebres
y crueldad ficticia con ternura.
La cola aun levemente erguida:
plumero de atardeceres y ebriedad.
El don del sigilo aún certero.
Las patas cruzadas con la elegancia
del amor suicida.
El pelo blanco todavía erizado junto al hocico:
La gelatina del recuerdo presta
para los rastros de Caronte.
Ni peleteros ni taxidermistas
llenarán sus bolsillos ni sus ojos.
Antes de los insectos y los desprecios
de los cazadores y los niños,
esta contemplación admirada
y una lágrima como un rezo:
El don de tu cuerpo para el retratista.
Eternidad descendida en tu belleza.

La Overuela, 12 de enero de 2021

¡Y la única misión
es salvar a las madres!
PEDRO CASARIEGO CÓRDOBA

NI LOS EJÉRCITOS DE ARCÁNGELES
Ni los milicianos desaparecidos
en la selva de los nombres.
Ni siquiera la carne tersa
de las adolescentes repentinas
sabe responder la única pregunta:
¿Qué misión hace sentido y nos habita?
Tan solo quedan tres rumores cotidianos:
El amor infinito de los pájaros suicidas.
La ternura de las crías imitada por los dioses.
El terco deseo de todos los hijos:
Salvar para siempre los brazos de sus madres.

EL CAMINO DE LOS CORZOS

I.

Es húmedo e invisible
el camino de los corzos.
Una curva leve abre
la vena de la luz perdida.
Llave intrasmisible sin los pies amantes.
Herencia de mi abuelo, tal vez,
ese amor se repite en mí. Ha vuelto.
Humedales de cigüeñas y cernícalos.
Marrones sembrados, verdor oscuro:
La curva tierna y serena del río.
Su frontera, cicatriz invadida
de otros seres que hablan sin nombres.
¿No sabéis ver la grandeza
sencilla de estos animales?
No os apartéis de su destino.
Escojo esta soledad compartida
repleta de ojos certeros.
Mi escopeta, herida de relojes
extraña la fidelidad de un perro oscuro.
Sólo hay un cazador que merece premio seguro:
El que ama y comparte la belleza.

II.

Al acecho cotidiano responde
un macho joven.
Silueta queda. Espíritu. Tótem.
¿Qué abrazo es más fuerte en nuestros ojos?
Amor repetido. Venerada hermandad.
Dame otra vez tu hocico pegajoso.
Su blanco sur que huele el vientre de la muerte.
Avisa a tus hermanos. Mi flecha no muerde.
¿Qué bello rumor podrá matar esta huida?
¿Qué fulgor levanta cuando desmoga el espíritu?

La efeba aparecida

La muchacha cándida
que huye de la religión y la sintaxis
no anuncia la seriedad de la cordura
ni el miedo falso de los moralistas.
Invoca la risa y el desprecio de los viejos profesores
y la felicidad perdida de las golondrinas.
No sabe qué soporta la belleza y la verdad
y que nunca será más sabia que ayer
cuando preguntaba despistada por la vida.
Siente como mujer y llora como niña
y en su corazón hay una pureza nueva.
La pureza más sagrada
La que se anuda sin vergüenza al cuerpo y el deseo:
La que los filósofos veían
antes de morir
en los ojos de los efebos
que lloraban sin consuelo por sus maestros perdidos.

Profecía de Trieste

La belleza es un lugar azul.
Lleno de viento y de amor perdido.
En cada calle hay una estatua gris y aérea.
Plena de superficies y bordes.
Un libro que lee un ciego dormido
mirando el mar junto a los pescadores.
Extrañas sonríen las piedras antiguas
y los barcos amarillos del deseo.
Un viejo cansado cruza la calle
en busca de tabaco
y el teatro se detiene.
Nadie sabe nada del origen
y no importa.
El barco de la memoria es bello y prescindible.

Il pescatore

Encarna la nostalgia al anzuelo.
Azulada como la nueva mañana.
No quiere la carne de los peces
y no mata el tiempo a manotazos.
No sabe lo que espera
y sin embargo, espera:
Es su oficio, masculla.
Un día él será la carne
herida ante el paisaje frío.
Y también, sin quererlo,
el rostro agrietado del salitre:
La melancolía que sonríe.

Voz de las brañas

Yo no fui tu hijo
y sin embargo cerca de un roble
he comprendido tu voz dormida.
Subiré a la braña para cumplir tu destino.
No hay alimañas más bestiales
que la nostalgia oxidada y el olvido.
Dos mastines prolongan tu honda nobleza
y el río baja claro aún en la collada.
Sigue el comercio del miedo azul y de la carne
pero pocos pueden pagar la inocencia.
Estás en las montañas y no sé tu nombre
y sin embargo somos familia en el oficio
más sencillo.
Que otros le den nombre.

En el amanecer se gesta el bramido del venado
que no muere.
Un deseo vibrante hace eterno el aire
Y resuena en el pecho del bosque.
Hay un amor perdido por las astas
que sobresalen del brezo: Arados de nubes.
Creo haber vivido ya este momento.
Una palabra nace y gotea sangre blanca.
El amor pide paso en un camino abandonado.
Todas las grietas se abren a nombrar semillas.
En la humedad crece el desierto del lenguaje.

Pelícanos y Tortugas

Vuelve la Infancia
con los pelícanos tristes y
las tortugas que cruzan estas carreteras.
Asombro de la vida
sencilla y sabia de los animales.
Entrega feliz al destino:
Huida de los hombres.

Lago Prespa, Julio de 2022.

Aquiles y la Tortuga

Si Zeus me permitiera resucitar
el cuerpo de Aquiles
seguramente admiraría
su fuerza, sus venas serenas
y su rostro milenario
pero nada deseo más
que seguir contemplando estas tortugas
que pasean por las ruinas de Apolonia.
Su sabiduría tranquila.
Su prudencia, su perseverancia,
Su ternura por un destino cruel.
Ningún guerrero podrá vencerlas jamás
en su amor discreto a las piedras de la vida.
Ningún guerrero sabe, como ellas,
que toda armadura es una apariencia.

Macedonia del Norte-Grecia, Julio de 2022.

EL CENTRO DEL LABERINTO es tenebroso y triste. Una adolescente de tez pálida y rostro rosáceo está sentada sobre una piedra gris. Es otoño. La luz es amarilla y ardiente. Me mira y susurra su nombre. No sé si dice Ariadna o Alicia. Me siento a su lado. Puedo ver rastros. Creo hacerlo. Recojo el hilo. No renuncio. Ciego reviso mi nostalgia y creo tejer el futuro. El invierno es prometedor y aun así la melancolía me devora. El laberinto soy yo. *No corras*, me digo.

Caballito sin mar.

En ti asienta la figura
azul del vaquero del niño.
¿Cuántas máscaras muerdes
mientras dormimos?
Sagrado arquetipo,
Relincho, gemido.
Eres el amor del gaucho
El miedo del ternero
La yegua clara que pintaba
el indio. La grupa que nos une.
El amor sagrado y nervioso que sacude.
El pálpito veraz de la arteria del mundo.
Tu nombre, todavía repetido,
rayo, trueno, viento fugaz
te hace recordar los caminos.
En tu madre tallada
he llorado por mi futuro
en la carne de mi hijo.
Yo soy él. *Mécenos hasta el verano.*

Una colección de mariposas

Era el museo.
Nunca la vida tan derrotada.
Momias de otros seres.
Una colección de mariposas:
Qué muerte triste. Belleza detenida.
Podrida volará aún sin colores.
Una niña llora ante alfileres
y seres crucificados.
Volad, grita, herida.
Tal vez un día mis alas
no duerman en la muerte colorida.
Mandatorio es el peligro de lo bello.

PARAD A ESCUCHAR LA ROSA ALQUÍMICA.
Tal vez la vida trata de eso:
Conocer a nuestros muertos.
Lavar, despacio, los huesos
de sus deseos extintos
y resucitarlos en otra carne.
Todos los rostros flotan alegres
sobre el espejo de la muerte.
Hay larvas en el símbolo más amado.

GENEALOGÍA

¿Quién elige esperar pudiendo
adentrarse en el recuerdo?
Hay muchas puertas que abrir
en lo que hemos sido.
Prohibiremos el habla.
Iré a buscarte a lo que fui.
Volviendo a mi niñez te haré hombre
y seremos uno:
Abuelo, padre, hijo.

Planté un jacarandá en mi patio
con la humilde esperanza
de que —no muriera—
Lisboa en mí.
Hijo, cree en la alquimia
de los recuerdos
(que se enredan con los árboles)
Son sus frutos —Escucho—
Tal vez un día puedas
ver el río y mi amor
por él cuando pienses y huelas
—estas flores—
que aún no existen.

El caminante se perdió en el bosque sonoro. La oscuridad es un estruendo luminoso. ¿Cómo hablar con los mudos y con los ángeles? Sentado junto a un árbol los insectos y las palabras me saludan. Ser profeta sólo es posible cuando no hay hombres. ¿Será posible ser Robin Hood con el lenguaje? ¿Robar al ruido el amor perdido? Un ciervo azul se aproxima. Con precisión pronuncia la metáfora perdida: «La nostalgia es un bosque envenenado». Lo ha dicho él. Yo sólo lo repito.

Aunque vuelva yo, es decir, mi cuerpo, nunca saldré de aquí. Ladrón de otra voz podéis llamarme, lo asumo. Nada más puedo explicar de mi oficio. Con el santo no se habla de milagros.

Resurreción pagana
(Réquiem para António Osório)

¿Cuántos mirlos besan tus pies?
Gabriela limpia el marco de tu lápida
pero la tierra ya es pura y te cubre.
Un gallo anuncia este paraíso.
Cipreses de vida, flores traídas
de la quinta para que ames, aún con nosotros.
Es esto el poema:
Un pedazo de vida que triunfa
y nos cubre para siempre.
No necesita lápida el que siempre
amó la tierra.
Estás donde quisiste:
Este cementerio
no es silencioso ni triste:
Suave laberinto: Caminos de amor,
fuentes de vida, vecindad serena.
Las hormigas transportan para ti
el sentido de la tierra. Su peso leve.
Alimentamos tu memoria con los poemas
que nos diste:
Pedro te presta la voz: Raíz afectuosa
y alegres resucitamos contigo.

A SOLAS CON «LAS MENINAS»

La historia es una cuerda hecha de ojos.
El cruce de miradas que, como veleros
saludan un faro y buscan cobijo
antes de zambullir un bello abismo.
A solas en la gran sala te hallo
y todos los ojos que en ti estuvieron me saludan.
Llegan a mí, primer espejo.
Toda mi soledad espectadora se torna;
Mundo o animal diminuto,
Paseante de un dios adormilado.
¿Qué emoción es esta,
la del creyente que no duda,
la del mendigo que repentino ama,
la de un Velázquez resucitado en mí,
desconocido retratista?
El espejo es doble y tu pincel eterno.

LAS VIRTUDES DEL COPISTA

¿A qué distancia estás de la verdad?
El anciano acaricia con lápiz naranja
el papel más rugoso nunca visto
y moldea una de las figuras del cuadro:
un joven soldado caído bellamente.
Se revela la inversión total de todas las causas.
Parece que el cuadro nace del esbozo del anciano.
Las obras nacen de los ojos que las crean:
El copista ensaya una muerte valiente otra vez.

Un alce atraviesa el horizonte al amanecer.
Su corazón transbordado y frío nos alimenta.
La yerba seca y triste cubre sus patas infinitas.
Cansado y desgarbado como un dios antiguo
transustancia los pulsos de todos los melancólicos.
En su cansada cornamenta se reproduce la vida
que pronto caerá: las promesas por poco tiempo,
mueren y alguien que nunca las vio nacer ni morir
las expondrá en las entradas de sus viejos cobertizos.

LOS PÁJAROS DE LA RUEDA DEL MUNDO CANTAN
y presagian la fertilidad de las manadas de renos.
Las abuelas esparcen sangre por las tierras,
las casas y los muelles más antiguos.
Vivir en el pasado es un mandato renovado.
Esta es la historia de una chica sami
que vende artesanías junto a la carretera:
La vida nómada del amor.
Cada primavera sueña que regresa el amado
que nunca existió.
Cada invierno dibuja un caribú salvaje
que pelea con una grajilla herida.

Puerto ártico

Y tantas gaviotas esperan
un pedazo del olvido:
Una cabeza de pescado seco.
Pesqueros de hierro y frío, oxidados y serios
sueñan toneladas de cangrejos sin dueño.
Nubes, viento, resignación y plomo.
Carreteras vacías, focas perdidas y águilas
de colas blancas vigilando con los ojos de dios
y la curva impiadosa del tiempo.

Casa abandonada en la tundra

Sobreviven los camastros, dos sartenes,
un recipiente de tenedores y un pequeño espejo.
Aún resuenan los gritos y los llantos de los cazadores
que quizá leyeron a Thoreau o Jack London
antes de lamentarse por el último caribú errado.
En la tierra inhóspita la casa permanece
y también su abrigo, disposición de espíritu.
El espejo es pequeño porque aquí
nadie quiere ser sino parte de todo.
Hallado sin voluntad y amado sin medida
este fue mi mejor hogar y en él persisto.

PAPAVER NUDICAULE

Pocas veces
la claridad es fría en los pintores.
Y sin embargo la luz es fresca,
deshielo tardío, cuando
las amapolas árticas nos miran.
Personajes de un pintor nórdico
bonachón, de rosadas mejillas.
Pétalos de transparencia que tal vez
trague el reno más blanco.
Los renos de montaña se llenan de luz para
hablar con los dioses y hacernos amar
la pintura.
Ningún delicado fulgor como este
hay más al norte de este mundo:
En soledad el consuelo del color
puede salvar el espíritu de un hombre.

El cazador de auroras

Vive mirando el cielo.
Descifra el viento y el horizonte
y su hermano le llama «el lobo».
Arranca la furgoneta a medianoche
y espera a los huéspedes
del único hostal del pueblo.
Hey guys, The Green Lady is waiting for us!
Cada noche busca el momento, el lugar
en que la luz del norte estalla.
Se acuerda de los vikingos y sonríe
pero sobre todo de cuando era niño
y huía de la Aurora Boreal bajo la manta
más oscura de su cuarto.
El pastor de las luces no envidia a los poetas.

Un canal de Copenhague
(Nunca había hablado con un barco)

Tal vez el color no es un consuelo
para un barco solitario.
¿Cómo puede salir de la melancolía
un velero con mástiles vacíos?
Paseas por este canal buscando amor
y cansado paras a contemplar el tiempo.
Todavía veo los puertos que amaste
y una lágrima parece brotar sobre tu ancla.
El mar existe para soñar, el viento para huir.
El puerto para regresar y cantar hazañas
pero un canal sólo puede existir para el olvido.

La casa del Espíritu

La casa que contenga el espíritu
tendrá que ser de ladrillo.
Ladrillo visto oscuro y limpio
como el canto de un pan.
Líneas sencillas y claras
destacadas sobre un cielo oscuro.
Casi el dibujo de un niño que puede
agarrar sin miedo —y sin abandonar la risa—
¿Habrá chimeneas?

Renovación

El vareto desmogó ante mis ojos.
En el borde de la carretera nos dimos las
credenciales en silencio.
Yo sentí que era su hijo (y su padre).
Se estremeció y dejó caer su vara impar.
Sus relámpagos hechos de hueso tierno.
La ferocidad adolescente repetida.
Renovados continuamos el camino.

A LA SOMBRA DE UN OLIVO GRIEGO

> *Bajo tus ramas, viejo olivo, quiero*
> *un día recordar el sol de Homero*
> ANTONIO MACHADO

Dime ¡oh! Querida musa,
¿De qué tamaño eran los ojos de Homero?
Los imagino, puedo verlos,
en las manos sucias del olivarero
repleto de historia y aún humedecidos.
Ojos petrificados por el amor
de un pueblo hecho para ver
a través de las palabras,
de la música exacta.
Glaucos son, eso es seguro.
Es el verdor casi blanquecino
de los olivos hijos de Atenea.
Si vieron todo, esos sus ojos
y desde entonces nuestros
muertos y nacidos,
en ellos está la historia venidera.

TODOS LOS CAMINOS REGRESAN DE DELFOS.

Junto a la fuente Castalia
una yegua se arrodilló a beber lentamente.
Una ninfa, felina, astuta, aérea
miró los ojos de la comitiva y sonrió.
Ya sabía lo que la Pitia iba a contarles sobre Sócrates.
Antes de subir el camino sagrado hasta el templo
todos pudieron prever aquello que habían ido a buscar:
El camino suele dar respuestas
a los que aman su destino.
La Pitia tras las ofrendas y abluciones
y tras el trance breve y sereno
sonrió a los presentes diciendo:
Es el más sabio, lo sabíais.
Sus bocas se asentaron en un sabor a tierra.
La carne tembló levemente junto a sus corazones
y rápidamente emprendieron el viaje
para decir lo que todos siempre supieron:
Sólo el humilde puede construir un hogar en los espíritus.

Ribeirinha (ilha do pico)

Somos feitos de pedra e carne
VITORINO NEMÉSIO

La poesía entra en el sueño
como un buzo muerto en el ojo de Dios.
Roberto Bolaño

Horizonte:
Negro, verde y azul:
Los tres colores sagrados de la contemplación.
Espigón que ensaya eternidad
y convierte la nostalgia en piedra, carne primordial.
Nostalgia del origen.
Esperanza del navegar.
Isla, visión, un buceador
se zambulle entre las rocas negras de la muerte
y esa calma hace todo resplandor.

DOS MENDIGOS EN EL PARQUE ANTERO DE QUENTAL
(PONTA DELGADA)

Sonríen al atardecer junto al busto de Antero.
La tarde ha abrazado prematuramente la noche.
Su genuina sencillez, su pausada felicidad
parecen una sonrisa esquiva
que llega de fuera de la Historia.
La confirmación de una liberación del Tiempo,
la sonrisa discreta
de todos los suicidas.

Papá…¿En cada grano de arena
está el desierto de Egipto?

LA LLAVE DE LA IGLESIA

La anciana guarda la llave de la iglesia.
Recita su historia y sus bondades
como las oraciones regulares
y describe el ábside románico
con el hastío del que pide limosna.
Mientras pisa con fuerza
la lápida de un infante de Castilla
pasa sus callosas manos
por un capitel con la figura triste
de San Nicolás de Bari. Regaña
a los oyentes y desea su próxima muerte
pues está cansada de este mundo y del frío.
Nada dice de los canecillos eróticos de la entrada
pero se ofende si alguien habla mal de su pueblo
pues es dueña de su pequeño mundo
como una vez lo fue Dios y un rey
que aquí descansaron el año 1090.
Hay un amargo rencor en la Historia
y una esperanza de verdad en lo profano.

Cuaderno de ornitomancia

*El que sabe de los pájaros, de la inclinación del vuelo, de la
cadencia del canto, tiene una de las más secretas llaves
de la sabiduría y se va haciendo con el paso del tiempo de
aire transparente y sutil.*

José Ángel Valente

*Salomón heredó a David y dijo: «¡Hombres! Se nos ha
enseñado la lengua de los pájaros y se nos ha dado de todo.
¡Es un favor manifiesto!*

Corán (27,16)

CUANDO TENÍA DOCE AÑOS mi abuelo me enseñó el reclamo de las perdices. No me enseñaba a cazarlas, me enseñaba a hablar con las aves. Cantar a las aves es la forma más certera de poesía.

Casa natal (de nuevo)

Que sea el último amanecer
como el despertar en el verano
de la última infancia.
Frescor leve y tenaz
entre el tamborileo de dos picapinos.
Uno más próximo y otro más lejano
dialogan mientras hacen su trabajo pertinaz en los chopos.
Me reconozco entrando a otro modo de vigilia...
Hay un despertar que me inaugura.
Aurora terca, aurora, remembranza
donde todo acaba y se inaugura.

EL POETA CHINO LO DIJO.
El bardo lo aprende todo del cormorán moñudo:
La presa es mayor que el cazador acuático.
Nadar bien no basta.

Sostener la respiración hondamente, tampoco:
Sólo comerá el que tenga fe en poder tragar
su presa, pez casi infinito
que sigue vivo en la barriga.

Propósito del naturalista

Dibujé un pájaro que todavía no he visto. ¿Cómo puedo saber cómo es lo que no he visto? Hay fe en todo arte. Hay sueño y deseo en lo que se canta. Por eso este pájaro puede contarme cantando cómo es y el color exacto de su vuelo. Amar y dibujar la voz de lo desconocido: El poema.

(LAS ÚLTIMAS CIRUELAS HAN SIDO DEVORADAS)

El vuelo de las oropéndolas existe desde mi nacimiento.
Esperaron sus ancianas madres este momento.
El amarillo furtivo que pide fruta y viento
Para que mis ojos puedan sentir el final del verano.

La llegada de las grullas (Elegía sonora)

Somos el alimento de otras alas, amigo.
Una laguna de viento y frío
que arde en nombre del invierno.
Hoy comprendimos que
tras el papel sedoso de Oriente
gritaba, muy alto
la flecha divina del tiempo.
Estamos en brazos de la lejanía:
Un sombrero rojo me saluda altivo
en todas las migraciones.

Schopenhauer saluda a una garceta bueyera

¿Qué ser dejó algo de sangre en tu frente?
¿Qué exacto dolor te hizo nacer hacia la luz?
Acompañas a las bestias, cada día
para recordarnos
la belleza del deber:
el amor a un destino
el dolor rumiante y verde del camino.

BÚHO REAL EN BRUNETE
(REMINISCENCIA DE HÖRDERLIN)

Despunta un rayo de luz.
Niebla densa y serena.
Un campanario altivo.
Del nido discreto brotas
y retorna Eleusis redimido.
Arriba estás, vigilando lo escondido.
La noche sagrada se propaga
en tu vuelo rápido y esquivo.
Crotoran cigüeñas ditirámbicas.
Esperas la luz con la tristeza
del que todo ha sido. Adormeces:
Anaranjado mirar arrepentido.
Dios único: Contemplación y silencio
en el hosco fulgor de nuestro olvido.

UMBERTO SABA OBSERVA LA SOLEDAD
DE UN PETIRROJO

Despacio, la mirada ama,
aéreamente, el candor
del petirrojo que busca
la compañía de un mirlo
huyendo de todos sus hermanos.
Y súbitamente, en la transustancia del poema
ve la tierna ferocidad de su hija,
tal vez su rostro, eternamente infantil.
Las aves adquieren su carne en la contemplación ajena:
El gran espejo de la soledad
que cruzan las alas invisibles del poema.

KINGFISHER

El viento mece la rama truncada
que brota seria del agua.
Hay un doble vaivén. El baile del tiempo
que se mece sobre el canal del río
y la cabeza reloj del pescador.
El aire, la mañana fresca de agosto,
el canto de la fábrica...
todo se confunde como piedra que afila el pico.
De pronto el azul y el rojo (turquesa y naranja) son letales
y en una zambullida el instante es alimento.
El Martín pescador atraviesa la lámina de agua
como la palabra el pecho de un hombre.

PRIOLOS

El ornitólogo describe
el canto del camachuelo de las Azores:
Es un canto melancólico y largo, suspira.
—*Igual que el mío.*
Igual que todos los cantos—
Replico.

APUS APUS

Escucha hijo:
Los vencejos son el vuelo de la esperanza.
Porvenir, verde, frescor son sus sinónimos.
Recuerdos del último verano.
Amar los recuerdos es, apréndelo pronto,
todo lo que somos y seremos.
Rebrotar de lo querido. Volver que no cesa
iluminado por el tiempo
y nunca se posa del todo para quedarse.
El mejor recuerdo no tiene piernas ni pies.
Sólo tiene velocidad y alas.
Es aire que nos anhela sin tocarnos:
Vencejos de primavera.

Una espátula extraviada

No sé si los dioses te dieron
amor o condena.
¿Era necesario llevar el destino en la boca
y perseguir con el plato
cada nuevo sustento?
Cuando el Hacedor creó a los Ibis
decidió dar a la luz, en la claridad
una zancuda hecha para un tierno augur.
Renunciaste al pico afilado de tu familia
y por eso guardo para ti mi primer, aéreo, amor.

El cuco nos hace remembrar dos oficios:
Relojero y oteador de horizontes.
Canta al atardecer de primavera:
Ceremonia, tránsito, despedida,
Llegada: todo junto.
Cuando resuena en el valle su servicial sonido,
su atinado, su anunciado deber
emerge la ceguera que exige la verdadera poesía:
Voz aérea y transparente: el escondido amor.

Empezó el baile:
Colirrojos y lavanderas nunca llegan tarde.

LOS ESTORNINOS Y LOS GORRIONES NUNCA FUERON
ni serán
plebeyos en mi corazón.

No es altivez, maldad, tiranía
lo que brilla en las urracas:
Tan solo la desconfianza gris y feroz ante la inteligencia.

HAY QUE APRENDER CUÁNDO Y DÓNDE
nacieron los pájaros.
Los primeros pájaros no los hizo Dios
sino el silencio.
No fueron enviados de otros mundos.
Ni la garza azul del Japón.
Ni el Ave Fénix de griegos y egipcios.
Ni la graja que guiaba a los caballeros medievales
llegaron de otro lugar.
Anhelo, pues, de otra soledad, canto, palabra:
La carne de las aves extendida en su canto.
Alquimia primera.
Soledad sentida en todos los bosques.

EL ESTORNINO PINTO SE AFICIONÓ A LA ASTRONOMÍA:
Tatuaje de la vía láctea.

Aérea y suave, dulce y carnal
La muerte
convertida en aire, espera y presagio:
El pico certero e impiadoso del alcaudón.

Espíritu de Diógenes,
Maloliente y bello saber:
El amor curvo de la abubilla.

TAL VEZ UN DIOS LEJANO extrajo el rojo anaranjado de la corona de un pato colorado y pudo poner nombre al color del atardecer y de la piel tostada de una vieja prostituta que amó un pintor que buscaba colores exactos… y amor.

Un zampullín vestido de gala para el amor fue el primer ave que hizo llorar bellamente al hijo del ornitólogo.

Las currucas

Seminaristas jugando en el patio del convento.
Penitentes que sonríen.
Párvulos a la espera del fin del día.
Goya y sus capirotes.

Un submarinista saluda al mirlo acuático

Cumplir un destino
puede ser liberador bajo las aguas.
Creo, hermano, que los dos
revolvemos piedras
con la esperanza de amar
todos los regresos.

Paramos, junto a la orilla,
pensativos, dejando que la tristeza
se escape con la corriente
y el ruido blanco que anuncia el agua:
Síndrome de Heráclito.

Sé que tatuaste tu babero
con la luz de la esperanza.
Envidio la grasa auténtica
de tu traje de plumas:
No hueles a plástico salado.

Deseo la avidez y la certeza
de tu cuerpo hambriento del espacio.
He intentado comer tus insectos favoritos
y teñir mi boca de luto tierno...

[...]

Suena, otra vez, la señal
del Astillero y debo soldar
—en la oscuridad de lo insondable—
las enormes tuercas del progreso.

Un niño comenzó una colección de nombres de pájaros: Camachuelo, pechiazul y avutarda eran los nombres que aún no poseía.

Contemplación del gavilán (hembra)

Sagaz, amenazante, el gavilán
desciende en picado a la charca grande.
La belleza amenazante crea el silencio.
En esos ojos, amarillos y tercos
hay un hambre tan densa
como la primera materia de la tierra.
El sujeto limpia con esmero sus garras
como hace el cazador con el mejor cuchillo.
Y es entonces cuando se confunden
para siempre, en nuestros corazones,
participantes y tiernos, ofrecidos,
la belleza y la muerte futura.

Un martinete refugiado un día de lluvia.
El azul grisáceo que extraña el sentido de la luz.

UN ANCIANO QUE ESTUDIÓ música me habló de la melodía de los pájaros. No está toda ella en sus voces sino en las nuestras deseosas de habitarlas. Cuando un bando de estorninos o abejarucos se posa en los cables telefónicos dibujan una canción nueva. Esa canción es nuestra si sabemos observar. Él lo llamaba *los pentagramas sagrados*. Quien puede leerlos sabrá más de la voz esencial que ha nombrado todo y canta al amanecer.

UNA CIGÜEÑUELA SOBRE LA LAGUNA, solitaria y concienzuda, con la cabeza gacha parece que picotea en el silencio, en la nada y sabe que todo está construido sobre el espejo de la nada en que no podemos dejar de buscar alimento y cobijo.

Es distinto el pico del jilguero. Una tierna robustez que maridada con la garganta rojiza de su destino puede dar miedo o amor.

EL TORCECUELLO SE EMPLEABA en antiguos rituales porque al verse acorralado imitaba una serpiente. Hijo perdido del Basilisco que petrificará el corazón de algunos niños crueles.

EL TREPADOR AZUL DA CLASES de geometría y puede ocupar el ángulo exacto de la belleza: equilibrismo invertido en la rama elegida.

DOS SOMORMUJOS ABRAZADOS durante el amor dieron esperanza a un suicida. (Antigua leyenda egipcia)

EL PICO DEL MITO es tan leve y discreto como grande es la belleza de su dueño.

PODRÍA VALER UN CIELO o un mar y por eso tanto esconde
su ancho pico: La Malvasía.

UN TRINO DESATADO. El baile terco y decidido. Una voluntad de acompañar o advertir al caminante. Fresco viento de buen aroma. Un augur frente a la tarabilla.

Los biológos y los sacerdotes se reunieron con los poetas y les contaron, por fin, el secreto.

Octubre y Marzo son meses mellizos. El canto del mirlo y la tristeza serena de los álamos pasan entre estos dos meses por la puerta de Dios.

PICUS SHARPEI

Tu verdor exacto y leve
libera y da amor
al que tiene ojos lentos.
Pareces tejido por las ancianas
de la tierra. Los delicados
crespones rojizos de tu píleo
dan espesor a la esperanza y la palabra:
Hebras de un tejido sagrado.
Tu lengua, larga y serena
recuerda la labor poética:
Ansia de larva y tuétano de lenguaje.
El poeta sabe que sois hermanos
en la minería de los misterios
y te reza secretamente. Bendícenos.

Último domingo de marzo (el mirlo blanco)

El mes de marzo huele a aves, pensaba Rodrigo mientras paseaba por Ávila. Nunca había sido un chico alegre pero aquella tarde se sentía acompañado de algo parecido a la felicidad. Una especie de sombra cómoda que le despejaba de la pereza de tener que saludar a los vecinos y los transeúntes. Tras dos intensas nevadas había recordado esos días de nieve de la infancia cuando la rampa de la Muralla era el escenario de la más pura felicidad y bastaba un trineo o un cartón de la panadería de su tío para entender la vida. Junto a la estatua de Santa Teresa, un mirlo hacía de su pico un destino. Quiero decir, el pico del mirlo es el pico más bello de todos los pájaros. En su aparente humildad, su leve curvatura y su mezcla de colores anaranjado y amarillo, le daban una humildad con clase, una elegancia humilde pero irrenunciable.

Creo que esa elegancia es la que deberían tener los verdaderos hombres. barruntó Rodrigo tras toparse con el mirlo en la mano blanca de Santa Teresa. Una frase que su abuelo, que le había inculcado la observación de los animales y el respeto por la montaña en largos paseos por la Sierra de Gredos, le repitió tantas veces de niño cuando en su pueblo observaban pájaros junto a la higuera de la cuadra. El mes de marzo de hacía ya cinco años su abuelo había muerto y desde entonces, marzo se abría a su conciencia como un paraguas de memoria. Ese hilo misterioso y fino que nos une a nuestros muertos.

Cada marzo era mes de aves y tocaba recordar al abuelo. Rodrigo era apenas un muchacho y sin embargo ese ritual, del que no hablaba a nadie, se había tatuado en su vida. Rascándose la cabeza, Rodrigo pensaba en por qué su abuelo había elegido al mirlo como su pájaro hermano, algo así como su representante en la tierra, cuando podía haber elegido al carbonero o al picapinos, pájaros que él amaba más intensamente aún. Recordó cómo la tribu finlandesa de los *sitmani* creía que los mirlos eran encarnaciones de los hombres buenos. *Hombres buenos.* *¡Tal como está el mundo,* pensaba, *debe de haber unas pocas decenas de mirlos por pueblo!*. Los *sitmani* también creían que la aparición de un mirlo blanco era un augurio excelente para la aldea. Y sobre todo cuando este aparecía en días de nieve abundante. Desde entonces, desde que leyó sobre ese mito, esperaba esa aparición no tanto por el deseo de que algo bueno sucediese sino por el amor que sentía por esos pájaros que se situaban ante él como un mensaje. Algo que no sabía explicar, algo casi religioso y eso que él no era muchacho de muchas creencias más allá de la creencia en la dureza de la vida. Todo parecía tener sentido. El abuelo de Rodrigo murió en marzo y en marzo los mirlos adultos comienzan a dejarse ver y a cantar hasta que llega el verano. Son solitarios y humildes, nada que ver con el afán de protagonismo y la listura atroz de las urracas ni con el gregarismo de los tordos comunes. El abuelo había muerto en marzo y cada marzo era hora de observar mirlos y pensar en esos pájaros. Rodrigo, era un muchacho, pero sabía mucho del campo, de geografía y de otros países. Había tenido que aceptar un trabajo en la panadería a pesar de su deseo de estudiar Antropología o Biología, o algo parecido, cosas, que según su padre no daban dinero. Así que allí estaba él, despachando hogazas y molletes mientras sentado en esa vieja silla de madera, releía historias de pájaros y una vieja enciclopedia de pueblos del mundo por la que ya había pasado dos veces entre esperas en la tienda y ratos en el baño que alargaba deliberadamente por esa avidez casi infantil.

Y ahí estaba él, el domingo, su día de descanso, mientras su hermano Sergio cubría su turno, paseando por una Ávila salpicada de señoritos y madrileños, paseando despistado, siempre despistado. Aquél era el muchacho más despistado de la ciudad, tanto que saludaba a las que creía sus vecinas en la Plaza confundiendo siempre a Doña Julia con Paquita, enemistadas desde que la última le quitó el marido a la primera, y tanto, tanto, que sólo se daba cuenta de que amaba a las muchachas cuando ya era demasiado tarde, después de semanas, cuando ya había regresado del verano en el pueblo y ya no era posible decírselo. Las primeras confusiones creaban risas generalizadas y las segundas le sumían en un llanto corto pero intenso que él mismo llamaba algo así como *patatelas de tontería*.

Y allí estaba él, en el momento de menos despiste posible, frente a la estatua, a cuatro o cinco metros, observando el círculo ocre de los ojos del mirlo, pensando en el abuelo y pensando también en la semana anterior a su muerte, cuando, ya en cama, moribundo, recobró una aparente lucidez y ante el asombro de todos se dirigió al baño, en la casa del pueblo, con los pies descalzos, con esas uñas largas y medio rizadas que chirriaban levemente al arrastrarse por las vigas del suelo del cuarto, en el altillo, en calzoncillos largos. No quería hacer del vientre. No. Y ante todos, y pidiendo las gafas de la abuela, se asomó al espejo del baño y tocándose levemente las bolsas de los ojos, que, como su tez, estaban ya entre arcillosas y amarillas, dijo muy bajo: *Quiero volar*. No lo dijo ni triste, ni alegre, simplemente lo dijo y regreso al jergón. El abuelo había dicho *Quiero volar*, pero Rodrigo no pudo evitar escuchar, y así lo recordó toda la vida: *Quiero ser pájaro*. En el confundir los deseos y las palabras, parece, se cuaja la memoria y todas las historias, sobre todo las que parecen menos importantes.

Mientras pensaba todo aquello —En realidad no lo pensaba, sino que apenas lo recordaba, lo sentía en imágenes fugaces— una muchacha, se acercó y le preguntó interesada: ¿Te gustan los pájaros? Era ese el último domingo de marzo, y sin embargo era también el primero de otra cosa. Ya nada volvería a ser igual. El mirlo blanco había aparecido.

Tres cuentos morales

El hombre con rostro

El suyo era el único rostro. Despacio separó la toalla escrupulosamente blanca que cubría su cara. Ya nadie, en aquella comarca, conservaba facciones ni boca y la alimentación era intravenosa y triste. Qué decir de los ojos que se abrían o se cerraban con un extraño interruptor que sólo activaban las manos de los párrocos y los jueces.

El hombre con rostro pasó su vida escondido y aquella mañana tras separar su piel de la mencionada toalla respiró el vapor del baño caliente por última vez. La granja en la que pudo vivir había sido de su abuelo y los guardias no la pisaban e incluso sospechaba que no sabían de su existencia pues distaba 20 kilómetros de cualquier lugar transitado. Una vaca y su ternero, un puerco y un puñado de gallinas le daban el sustento además de algunas verduras y frutas que un breve huerto regurgitaba en el interior de un viejo patio repleto de olvido y azulejos muertos.

Aquel hombre, tan solitario que había olvidado su nombre e incluso el de su madre, quiso en numerosas ocasiones matarse, pero no lo hizo porque entendió que resistir era el único objetivo de su vida por mucho que esa vida fuese la del último hombre que podría reconocerse distinto frente a un espejo, uno de los últimos que habían permanecido de la noche de los añicos en que los guardianes partieron todos los espejos precisos de la ciudad principal.

Cada mañana, rutinariamente, aquel hombre se miraba al espejo y en ese acto invulgar y único en cientos de kilómetros a la redonda, su vida adquiría un sentido renovado. En esa soledad pudo imaginar y hasta sentir, olvidadizo y con una sonrisa huraña de hombre agradecido con el destino, que era el último hombre de la tierra. En sus sentidos, aunque no en su mente, nadie más existía ni había existido. Esa fue la trampa de su naturaleza para no desistir.

Cada tarde, el único hombre con rostro, frente al espejo sagrado, dibujaba su rostro en una libreta. Cada libreta tenía exactamente 31 hojas de modo que se acomodaba a la gran mayoría de los meses. Cada primero de mes el hombre quemaba la libreta en la chimenea del salón. Ese era el único modo de rendir culto al tiempo. Tras finalizar su retrato diario, que casi efectuaba de memoria, y para el que ya casi no necesitaba sus ojos, decidió lavar su camisa junto al riachuelo cercano a la casa.

Al volver, rumbo a la casa, en la entrada principal, adivinó un cuerpo y quedó paralizado. Un hombre de espaldas esperaba en la puerta de la vieja finca. El hombre temió haber sido encontrado por un guardián extraviado y decidió no reaccionar esperando que el intruso no advirtiese su presencia. Pero no fue así. El hombre, que no parecía un guardián, se dio poco a poco la vuelta. Sólo una cosa se clavó en su mirada aún más que la sorpresa de encontrar un hombre. El desconocido también tenía rostro y este era exactamente igual al suyo. Sin tiempo para reaccionar sólo pudo advertir una cosa más. El desconocido llevaba en la mano su espejo sagrado que se había partido en dos.
Su muerte fue fulminante. Nada más se supo ni nadie pudo jamás seguir contando su historia.

Animales y letras: Manuel El Gaucho

En el pueblo perdido de San Martín del Cerro pude, una vez, conversar con el gaucho Manuel. Pasó la vida entre el ganado y el campo y por eso mismo sabía más que casi todo el mundo. Conversamos muchos días y muchas horas. El tiempo pampeano es transparente y largo como un recuerdo querido...

De todos los cuentos, leyendas, que muchos de vosotros llamaréis mentiras, el que más me impactó fue uno sobre los animales y las letras, un cuento que Manuel acostumbraba a contar meditabundo a las personas «con estudios» que visitaban su aldea.

Cuentan —dijo— que Dios sólo creo dos cosas principales el primer día, antes de sus descansos: Los animales y las letras. Cuentan —repitió— con el ritmo propio de lo verdadero, que desde aquel día todos los animales del mundo caminan en minucioso silencio buscando el día en que todos se encuentren para poder decir su primera palabra.

Además, añadió Manuel, con gesto serio, Dios creó las letras que andan uniéndose y habitando todos los sonidos infinitos de las mil tribus que poblaron la tierra por primera vez.

Los animales, condenados a desear la palabra, aman —será la costumbre— el silencio y se ocultan de los hombres. Las letras, condenadas a la música perpetua de la unión y a rellenar todas las bocas de los hombres, aman imaginar el silencio de un río o el sigilo de los bosques.

Los hombres, entre el amor y el odio, por todas sus condenas, andan dando voces por los bosques y los desiertos impidiendo la palabra de los animales y el silencio de las letras. Este cuento me hizo pensar mucho Don Manuel.

LA LLAVE

Entre los cajones había cartas, sellos, facturas y monedas de países extraños. Aquel hombre tenía por costumbre almacenar cosas que para otros podían resultar insignificantes, pero para él eran símbolos, pedazos que le llevaban directamente al pasado. En una caja junto a unos viejos disquetes de ordenador encontró la llave.

Era la llave de su primera casa en Lisboa. Una de esas llaves antiguas y plegables que tal vez aún funcionaría en esa puerta que debe seguir existiendo, pensó. Largo rato meditó sobre ese asunto dejando la llave reposar sobre una vieja madera de pino situada en el escritorio. El hombre contemplaba la estantería de los libros y la llave de manera alterna. ¿Será la llave la que aún podría abrir esa casa? ¿Será la llave a la casa del pasado, a la casa del futuro? ¿Será la llave al hombre que era él cuando la habitaba? Por alguna extraña razón tener esa llave lo tranquilizaba profundamente. El verbo cerrar no existe en el pecho de los viejos poetas.

Índice

Este libro se terminó de imprimir
en octubre de 2025

RIL® editores • España

europa@rileditores.com

Se utilizó tecnología de última generación que reduce el im-
pacto medioambiental, pues ocupa estrictamente el papel
necesario para su producción, y se aplicaron altos estánda-
res para la gestión y reciclaje de desechos en toda la cadena
de producción.